Rolf Friedrich Schuett

Fertig machen dich deine Fertigkeiten

Aphoristische Idyllen:

Doktrinen und Bonmots

ROLF FRIEDRICH SCHUETT

Fertig machen dich deine Fertigkeiten

Aphoristische Idyllen:

Doktrinen und Bonmots

Books on Demand

Bibliographische Information Der Deutschen Bibliothek:
Die Deutsche Bibliothek verzeichnet diese Publikation
in der Deutschen Nationalbibliographie; detaillierte
bibliographische Daten sind im Internet abrufbar über
http:// dnb.ddb.de

1. Auflage

Herstellung und Verlag :
BoD – Books on Demand, Norderstedt

Gedruckt auf alterungsbeständigem Papier
(holz- und säurefrei)

Umschlaggestaltung : E. L. Schmidt

Printed in Germany

ISBN 978-3-7448-4813-8

INHALT

Die ältesten Aphorismen waren Lehrsätze,
die jüngeren sind doktrinäre Feinde von
Doktrinen. Bis heute doktern sie an uns herum.

„Predigen Sie ihnen doch einmal das Ideal des
stillen Menschen, des arbeitsamen Gelehrten! Dass
es ihnen voll genug sein soll, wenn sie die großen
Werte deutscher Kultur erhalten können und weiter-
geben : die werden ihnen was erzählen! (Nietzsche
hat´s genau gewusst : *und* gebilligt und mitempfun-
den! So gehört er zum rohesten Pöbel! : wie sagt er
geschliffen : frage einen derben kleinen Igel auf der
Straße, ob er etwa besser und klüger werden wolle,
und er wird ironisch lächeln; aber raune verheißend:
willst Du mehr Macht?!!!; hei, wie da die Äuglein
leuchten!!)“ (*Arno Schmidt*: „Brand´s Heide“)

Surrealistische Philosophorismen
Zen-Koans und narrenfreie Mystik

In der Literatur „ist die Absicht des Autors,
Schmerz zu bereiten, so sichtbar, dass man sich
ein wenig mehr verhärtet." *(Marcel Proust)*

Gewohnheit macht Schlimmes erträglicher
und Schönes unerträglicher.

Künstler müssen künstlich wirken, um natür-
licher zu sein als übrige Kunststoffmenschen.

Du schießt nicht den Vogel ab, den du hast.

Modernste Essstörung :
Ernährungsbewusstsein.

Ich liebe das Alter, als wäre ich noch der Alte.

Ein Satz lügt durch seine Kürze, ein Aufsatz
durch seine Länge, ein Buch durch seine Tiefe.

Beizeiten beiseite. Man sucht die grünste Art
des Alterns, die reifste Form ewiger Unreife.

Jugend rebelliert, aber für schönen Unsinn;
Alter ist imperfekt, aber vollendet hässlich.

Macht Dreck zu Gold, das zu Scheiße wird!

Dankbare Götter machten Philemon und Baucis
nach ihrem Tod zu Bäumen. Die würden
moderne Alte gern noch ausreißen.

Wo es bergab geht,
muss kein Gipfel erklommen sein.

Ein 70jähriger Rimbaud ist so absurd
wie ein 17jährig verstorbener Goethe.

Aphorismus : Breviloquenz der Narrenfreiheit.

Nietzsche 2000 : Romantik des Realistischen,
Verklärung der Aufklärung, Kult der
Unkultiviertheit und Poetik des Prosaischen …

Verlangsamt sich das Altern,
beschleunigt sich das Sterben.

Großes liegt darin, mit Kleinem leben, Kleines
darin, mit Großem *nicht* leben zu können.

Reagan, Kohl, Papst Paul II. : „Tuis" haben
vor weltbewegenden Personen meist versagt.

Die Masse ist einsam in jedem,
das Individuum in Massen gemeinfrei.

U-Bahn. Man fliegt fließend durch die Erde:
U-Haft im U-Boot auf dem Trockenen.

Kunst : Kann eine Darstellung des Unannehm-
baren selber annehmbar angenehm sein?
Kann ein Bild von dem, was zum Weinen ist,
selber guten Gewissens zum Lachen sein?

Jemand will sich das Leben nehmen, legt sich
mit Abschiedsbrief auf Bahngeleise, um danach
zu entdecken, dass der Zug ihm das zweifelhaf-
te (und technisch absurde) Geschenk machte,
nur beide Beine, nicht den Kopf, abzufahren
und das Leben zurückzugeben, aus welchen
Motiven auch immer: Dieser Cartoon will keine
Krüppel verhöhnen, aber wo nur moralischer
Takt herrscht, ist kein Schwarzer Humor mehr
möglich, der ja vom Widerstreit gleichzeitiger
Gefühle lebt.

Kohlhaas bekam Recht und ward bestraft
für die Mittel, es sich zu verschaffen.

Wer anderes will, als er hat, verliert, was er hat.

Mehr Macht ist mehr Vorrecht auf Unrechttun.

Unrecht schafft den Staat, der sich Recht schafft

Recht ist eher das kleinere Übel
als das größere Gemeinwohl.

Recht wie Unrecht hilft den wenigen Starken
gegen die vielen Schwachen.

Mensch: vege*tarisch* vollbeschäftigtes Vegetier.

Am Recht darf niemand sich rächen.

Menschlichkeit : Mensch noch unter Menschen,
Dieb über Dieben, Heuchler hinter Meuchlern.

Türmt in Elfenbeintürme, die man stürmt!

Warum kennen sterbliche Lebewesen nur
unsterbliche Steine und nicht auch umgekehrt?

Ist es schon Kunst, gut von ihr zu leben?

Hinter dem Gesetz sind manche wieder gleicher
als vor dem Gericht.

Wäre es gerecht, wo Rechtsstaat unnötig wäre?

Das Recht schützt die Schwäche der Schwachen

Ich weiß, morgen werde ich halbwegs wissen,
was mein heutiges Wissen gänzlich entwertet.

In Demokratien brauchen Starke nur Clans für
ihren Egoismus, Schwache aber Massendemos
gegen ihre Individualität.

Rechtsstaat paradox : Meute ohne Beutel
auf Beutezügen ohne richtige Ausbeuter.

Recht und Gerechtigkeit sind nie besser
als Justiz und Juristen.

Das Entgleiten von allem hast du fest im Griff,
bis jeder Begriff dir festlich entgleitet.

Das Alter leidet daran, nicht die Jugendleiden,
die Jugend freut sich, nicht die Altersfreuden
zu fühlen.

Moderne Despoten diktieren freie Verträge.

Fertig machen uns nur unsere Fertigkeiten.

Steckenpferd : hochtrabende Eselei.

Lässt sich Geschehenes nicht ungeschehen
machen, soll auch nichts Ungeschehenes mehr
passieren.

Ist *Sentenzenschleifen* ein Kopfzerbrechen
über strenge Formen des Formzerbrechens
oder nur ein verdrehtes Kopfverdrehen?

Das Alter verliert sogar das letzte Gefühl
des Depressiven, gefühllos zu werden.

Die totalitäre Gesellschaft versteht nur, was sie
nicht verbietet, die permissive toleriert nur,
was sie nicht versteht.

In der Tauschgesellschaft ist und gilt alles nur
für anderes, in der Ästhetik der sinnliche Stoff
auch nur für die künstlerische Form.

Sind Begründungen von Wahrheitsbeweisen
gründlich wahre Beweise für Wahrheit?

Forscher entdecken und erfinden etwas nur,
um bald überholt und vergessen zu werden.
Bestätigen Aphoristiker nur diese Regel?

Dass Platon, Spinoza und Kant Spinner seien,
denkt der Spießer. Nietzsche bestätigte ihn nur.

Der Aphoristiker will den unerhörten Ideolekt
des unansehnlich Unscheinbaren sprechen.

Der Steinalte hat ein Kunstherz aus Gallenstein.
Er wird zu Stein, ob Kiesel- oder Edelstein.

Ist Demokratie die Diktatur von Herkunft,
Geld und Naturtalent?

Was treibt zum Angriff mehr
als der Widerstand und zum Widerstand?

Über Kants *Dinge an* sich gibt es Bolzanos *Sätze an sich*, die für uns Aphorismen sein können.

Dürften alle so viel kaufen wie du,
könnte niemand mehr etwas kaufen.

Wer über fremde Verhältnisse lebt,
ist Ausbeuter.

Verbindlich darf nun nur noch sein,
dass alles unverbindlich sein muss.

Jede Partei sagt, ihr Gegenprogramm dürfe man
nicht deren Vertretern überlassen.

Bigger bang for the buck. Kränken kränkelnde
Kinder eher Mütter oder Väter?

Kann ich etwas ernstlich wollen, ohne erst
das Gegenteil zu tun, oder kann ich es tun,
indem ich das Gegenteil will?

Humane Existenz insistiert auf Exzentriker,
und wer in sich geht, wächst über sich hinaus.

Sagt Heidegger nicht mehr vom genichteten
Nichts als über sein alles nichtendes *Seyn*?

Stellt seine Stärken in Satans Dienst,
wer seine Fehler in Gottes Dienst stellt?

Ist Globalisierung neuer Kolonialismus oder
Nationalismus alte Menschenrechtsverletzung?

Heideggers Leben folgte aus seinem Tod, der
nicht nur auf sein und aus seinem Leben folgte.

Was haben Dinge gemeinsam, die zur selben
Welt gehören, und was hat die Welt an sich,
um in unendlich vieles zerfallen zu können?

Ungefähr(lich)e Erfahrung. Ist alle Gemeinheit eine Gefahr für die Allgemeinheit?

Mit Lebenskunst kann man so wenig lebendige Kunst machen wie ohne.

Philosophie kann nur wenig gewinnen, wo Literatur zu viel verlieren muss, u. u.

Im Christentum ist jeder unendlich viel mehr wert als alle.

Siegt durch eure Fehler über jene, die über ihre nie fehlenden Befehle fallen!

Andere Romanhelden als Intellektuelle sind Trivialliteratur, doch Intellektuelle als Detektive machen Krimis nicht zu Hochliteratur.

Eine Unreife, die nie altert,
heißt nun Selbstverwirklichung.

Nach Kant kennen wir nur Wirkungen von
Dingen an sich, die wie wir nur Wirkungen
desselben Grundes sind.

Der Kranke liest, weil er nicht leben kann.
Der Gesunde lebt, um nicht lesen zu müssen.

Breviloquenz : größte Annäherung der Narren-
freien an goldenes Schweigen über Wortschätze

Seid trauriger, um euch nicht umzubringen!

Du holst aus Kunstwerken mehr heraus, als du
auf sie projizierst, wenn du ihre Investitionen
in dich höher amortisierst.

Der kürzeste Aphorismus kann langweilen, Gespräche abwürgen wie Selbstgespräche anregen.

Am besten begründen lässt sich Unwahrheit,
und Wahrheitsbeweise sind nicht einmal falsch.

Taubstumme überhören kein Schweigen.

Hat der Unterdrückte tiefe Gefühle,
der Unterdrücker niedere Gedanken und ihre
gedrückte Stimmung hohen oder hohes Gehalt?

Bekämpfen sich Gewalt und Ungeist,
(ent)weiche nur der Gewalt!

Boswell hätte besser Goethe,
Eckermann aber Johnson begleiten sollen.

„Frei denken ist schön, richtig denken ist besser."

„Das Urteil des Greises zittert weniger als sein Haupt."
(Karl Julius Weber)

„Ein gelehrter Kopf redet auch nach dem Tode." *(Spruch)*

„Der Elfenbeinturm ist heute überfüllt mit Aktivisten. Sie sitzen dort aktiv." *(Ludwig Marcuse)*

„Bildung ist jenseits aller Standesunterschiede."
(Konfuzius)

„Die Ungebildeten wandeln unter den Gebildeten wie die Toten unter den Lebenden." (*Aristoteles*)

„Es ist keine Kunst, geistreich zu sein, wenn man vor nichts Respekt hat." *(Goethe zu Eckermann, 1826)*

„Frei will ich sein im Denken und im Dichten, / Im Handeln schränkt die Welt genug uns ein." *(Goethe, Tasso)*

„Ach, zu des Geistes Flügeln wird so leicht kein körperlicher Flügel sich gesellen." *(Goethe, Faust I)*

„For it´s the mind, that makes the body rich."
(Shakespeare, Der Widerspenstigen Zähmung)

„Das Alter kehrt sich nicht an Potentaten, / Und Runzeln sind verdammte Demokraten." *(Lord Byron)*

„Die Tinte des Gelehrten und das Blut des Märtyrers haben vor dem Himmel gleichen Wert." *(Koran)*

Gewalt zwingt zur Tugend, Freiheit zur Sünde.

Der digitalisierte Hohlkopf in den Wolken weiß
nur, wo *Cloud*-Wissen herunterzuladen ist.

Reiche führen gegen Arme Krieg,
um ihn nicht gegeneinander zu führen.

Dass ich so viele Jahrtausende lang noch
nicht geboren war, macht mich nachträglich
so traurig wie die ewige Sterblichkeit.

Die Nacht macht blind, die Sonne blendet,
und Dämmerung dämmt beide ein.

Jugend schaut voran, nur nicht aufs Alter;
Alter schaut zurück, nur nicht auf Neues.

Wissbegierde wird gewiss nie zu gierig.

Alte (ver)achten in Jungen die künftigen Greise.

Wer an Wissen zunimmt, nimmt an Willen ab.

Der Feigenbaum des Lebens war nie
der Apfelbaum der Erkenntnis.

In Demokratien soll Wut auf Mehrheiten warten

In grauer Vorzeit schon graute es jedem,
sich grausam graue Haare wachsen zu lassen.

Übers Schweigen lässt sich am meisten sagen.

Auf der Flucht vor Prousts gewonnener Zeit

Ganz verstehst du erst das,
worauf du dich nicht mehr verstehst.

Alte können nicht mehr genießen, was sie als
Junge verhießen – bis beide uns verdrießen.

Wer noch nicht grau ist, ist ein Esel;
wer weiß wird, werde kein Engel.

Kühne Kinder, coole Junge, kalte Alte : Erst
Packesel der Ware, dann Lastesel der Jahre.

Es gibt Menschen, die guten Gewissens erst
im hohen Alter die trüben Greise sein dürfen,
die sie schon immer waren.

Ich müsste verrückt sein, nicht zu sehen,
dass ich es bin.

Wir folgen Ihm so, dass wir Ihn verfolgen und
töten wollen : Also (und nur noch so) existiert
Gott für uns – gegen uns.

Toleriert wird nicht mehr, dass eine *absolute
Wahrheit* toleriert werden will und kann.

Verhalt und versteh dich als Unverständlichkeit
von allgemeinverständlichen Sachverhalten!

Aphorismen ganz ohne Pointe sind nicht besser
als Aphorismen mit schlechter Pointe.

Altersstarrk. Antworte, bevor du fragst,
doch (ver)gib, bevor du gebeten hast und bist …

Der Allgemeinbegriff stellt nie den Gesamtein-
druck wieder her, den er in Merkmale zerlegte:
Das Wesen einer Sache zeigt sie nie ganz
als Ganzes summarisch möglicher Details.

Morgens jagen, mittags angeln und abends
kritisieren : Wer macht dafür Revolutionen?

Allgemeingültige Moral ist Grundlage indivi-
dueller Entschlüsse, einzigartige Kunstwerke
sind Fundamente einer besseren Allgemeinheit.

Mir selbst entfremdet heißt von mir befreit.

Zu was dient die Sache, der du dienst, wenn
du sie so beherrschst, wie sie dich beherrscht?

Mit dir wird es anders als durch und für dich.

„Du sollst dir kein Bild machen!" Zwischen uns und der Welt steht unser Weltbild.

Feiern sind Ferien vom Trott, damit nach Abwechslungen die alte Scheiße wieder schmeckt.

Am liebsten feiere ich das Fest der Rückkehr zur Festung der festen Alltagsgewohnheiten.

Die höchste Festfreude und Feierlaune der im ewigen Arbeitsfrieden tödlich Gelangweilten war immer die Kriegsbegeisterung.

Der Geist, in dem Alltägliches getan wird, muss den Geist ersetzen, den Alltägliches verdrängt.

Es gibt eine langweilige Wahrheit so gut wie aufregend viele Irrtümer und Lügen.

Du bist nie so stark durch deine Schwächen,
wie du im Nachteil bist durch deine Vorzüge.

War André Gides unmäßige Suche nach dem
richtigen Maß nur eine mittelmäßige Sucht
nach ihm gemäßer Maßlosigkeit?

Setzt man sich in Bewegung, um sie selbst in
Bewegung zu setzen und wie das explodierende
Ur-Nichts das Licht der Welt zu überholen?

Was geschieht mit uns, wenn alles durch uns
und für uns geschieht oder ungeschehen bleibt?

Sicherheit trifft man noch in Treffsicherheit.

Nahlebenserfahrung. Kommunikation heißt,
einander ständig ins Wort zu fallen.

Fortschritt kann alles bewegen – außer sich
selbst. Verändert die Natur eine Geschichte,
die alles samt unserer Natur verändert?

Mit dem Rollator geht noch der Greis in sich.

Wahr und Falsch, Gut und Böse, Sein und
Nichts gelten noch als Nuancen voneinander.

Des Pudels Kernsatz. Auch der moderne
Mensch geht in sich – bis in seine Atomkerne.

„Der Verlust der Mitte" war Gewinn eher für
Randexistenzen als für Ober- und Untertanen.

Eigentum berechtigt,
Eigentümlichkeit verpflichtet.

Urheber als Fallenlasser. Die Erdenschwere höhnt und stöhnt unter der Himmelsschwere.

Jeder hat auch einen Spaß- und Paradiesvogel, der selbst einen Fegefeuervogel hat.

Ein Begriff ist zum Greifen so nah, wie ein Angriff durch Handgriff fern vom Begreifen.

Das Streulicht der Welt hat eine größere Dunkelziffer als das Schlusslicht der Vernunft.

Das Selbstgespräch fällt sich gern ins Wort, das nicht Sitzfleisch werden will.

Erblickst du das Licht der Nachwelt am Ende deines Tunnelblicks durch Schuldenberge?

Der eine steht auf verlorenem, der andere liegt auf gewonnenem Posten.

Das Unglück will es, dass es fürs eigene Glück nur noch Goldschmiede gibt.

Kranke Esel, Kamele und Schweinhunde gehen nicht zum Tierarzt.

Nietzsche philosophierte bis zuletzt mit Gummihammer und Satzfeile.

Suche nach der verlorenen Zeit ist verlorene Zeit. Diese Einsicht gewinnt die Zeit zurück.

Das Ganze mochte Adorno ganz und gar nicht, Nuancen und Details aber ganz *oder* gar nicht.

Warum *nicht*? Aber weshalb doch?

Wer A verplant hat, muss keinen Plan O haben.

Der Depressive hat Empathie in liebe Tote.

Nur in Architekten wohnen ganze Gebäude.

Uro- und Geologen suchen und behämmern nun
den Nierenstein der Binsenweisen.

Schlag mein Buch auf – deinen Kopf!

Bleibt auf dem Teppich, unter den nichts
gekehrt ist! Auf dem Teppich, unter den
zu viel gekehrt wurde, ist schlecht laufen.

Gescheit sein heißt, beim Scheitern zu scheitern

So wahr ich mich nur irre,
so oft wahrsage ich irrtümlich.

Restchancen. Wünscht man sich ein Alter
in Denkwürde, Merkwürde und Fragwürde?

Verschweigen ist Gold, Urknall nicht mal Silber

Kann man sich in Empathieunfähige einfühlen?

Schicksalat. Roboter sind treulose Automaten.

Skeptiker setzen zu viele Ausrufzeichen und
zu selten Fragezeichen hinter ihre Fragezeichen.

Man veröffentlicht, wie verschwiegen man ist.

Blinde haben Erleuchtungen, die sie blenden.

Alter ist zu starrsinnig, Jugend zu starrsinnlich.

Im Grunde ist jeder am Boden, der Untatsachen.

Licht ist der Leichtfuß unter den Stoffen, doch
Materie kein Schwergewicht unter Geistern.

Descartes 2000. Ich habe genug Zweifel,
dass ich genug zweifle, also bin ich – nie sicher.

Dachte Heidegger zu gut vom Seyn,
da er schlecht übers Nichts schrieb?

Nichts kann Liebende trennen. Ein Nichts.

Jeder Handgriff vergreift sich an einem Begriff.

Platzregen an der Sonne. Der Kopflose hat ihn
nur eingezogen, aus Angst, geköpft zu werden.

Man kommt zur Ruhe und geht zur Ruh´.

Erleuchtung verdunkelt das Licht der Vernunft.

Der Beschränkte sieht überall Unermessliches,
der grenzenlos Offene nur Schranken.

Verstiegenstes fällt uns als erstes ein, und
Naheliegendstes ist am weitesten hergeholt.

Gefähre Chalance

Goldene Mischung oder Öl und Wasser
Reflektorium der Ferntod(üb)erfahrungen

„Einen einzigen Satz haltbar zu machen, anzuhalten
in dem Bimbam von Worten." *(Ingeborg Bachmann)*

Aphorismen verdichten Dichtungen zu
Gedanken und Gedanken zu Gedenkmünzen.

Zieht Holzsplitter aus Hohlköpfen,
nicht Gedankensplitter aus Holzköpfen!

Ersetzt wird Veraltetes,
ersetzt wurde Verbrauchtes.

Das Fließband der Entbindungen von
Verbindlichkeiten wurde eine eiserne Kette,
die von weiteren Entbindungen entbindet.

Der Leser wird von der Welt getrennt durch
Romane und vom Roman durch Kritiker.

Sprich dich auf Englisch frei vom engen Eng-
land, auf Deutsch von bedeutendster Deutung,
auf Französisch vom frank und freiesten Land!

Freie Dekonzentrationslager von heute
öffnet kein künftiger Freispruch mehr.

Bejah(r)t. Ich bin alt genug, an mir eher Böses
zu erkennen als Besseres zu tun.

Normen normalisieren, Formen verformen,
Uniformen formalisieren deformierend.

Aphorismen : Logische Verknüpfung von Un-
stimmigkeiten harmonisiert keine Widersprüche

Der springende Punkt an der Sache
ist der ruhende Pol des Aphorismus.

*Konzentrierte Zerstreuungen, gewissenhafte
Nachlässigkeit* : Ich liebte zeitlebens mein
Jungsein so, als wäre ich schon ein Greis.

Glaube an Tunnelblick versetzt Schuldenberge.

Reich mir nur die Hand,
die meine waschen kann!

Beherzte Helfer sind schlechte Zeugen,
und gute Beobachter haben saubere Hände.

Wer vieles völlig verinnerlicht,
verkörpert innere Leere.

Kindische Worte sind so ausgereift vollkommen
wie Meisterwerke auf erwachsenste Art infantil.

Alles nur Denkbare ist noch bar aller Gedanken
und voll von Realität.

Die Welt ist doch eine Scheibe:
Heute geht´s rund in platten Weltbildern.

Er ist still verschieden. Er war zu verschieden.

Überall sieht der Weltoffene nur Grenzen und
der Provinzler unübersehbar Unübersichtliches.

Ohne Ohren wäre die Welt nur halb so
(vor)laut, ohne Augen nur halb so existent
und ohne Begriffe nur halb so (über)griffig.

Welche (fehlenden) Worte im Buchtitel
halbieren die Verkaufszahlen?

Können auch Unkultivierte *Huntingtons*
„Kampf der Kulturen" führen oder bekämpfen?

Leib und Seele sind eins, heißt es. Das stimmt,
denn Geist haben beide nicht.

Transparenz ist in neun von zehn Fällen
undurchschaute Undurchsichtigkeit.

Dein Unwille wie deine Willenlosigkeit
bleibe ungeschehen, mein Reichtum komme!

Was gibt es alles ohne mich,
und welches Ich gäbe es nicht ohne euch?

Museen gehören ins Museum.

Verteile das große Ganze in und an ganze Teile!

Die Ewigkeit kommt immer zur Unzeit.

Ist Nächstenliebe Feigheit vor dem Intimfeind?

Trennt Zick vom Zack und Kraut von Rüben,
Biegen von Brechen, nicht Kind von Kegel!

Fallt nicht in den Elfenbeinschacht von Babel!

Entgegne, angewidert von widerspenstigen Wi-
dersprüchen, dem Gegenteil mit Gegensätzen!

Anteilgabe. Gnadenbrot und Gnadenstoß
sind schlechte Todesstoßdämpfer.

Auch ein leichter Tod erlebt die Schwierigkeit
des Nichtseins.

Schicksalsfügung fügt sich weder erstwilligen
noch unwilligen Verfügungen (an).

Vorrechte und Beipflichten : Unrecht lacht und
macht sich pflichtschuldigst ins Fäustchenrecht.

Deinen Tod betrauerst du vorher lebenslang,
dein Leben genießt du hinterher ewig.

Die Nächstenliebe ist nicht selber Eigenliebe,
liebt sich aber mit Eigenliebe selbst.

Nur Gestorbene nehmen leichter ab als zu.

Der Scheideweg bewegt seinen Degenweg weg.

Die Einesschönentagesordnung steht seltener
auf deiner Liebesnachtordnung als umgekehrt.

Philosophie war einmal eine Relativitätstheorie
der verabsolutierten Praxis.

Man kommt halb zur Welt und dann zu Geld
und geht an einer Anderthalbwelt zu Grunde.

Unaufhaltsames Handaufhalten.
Komm dir abhanden und geh mir zur Hand!
Vorhandenes ist ja leider nur noch *zuhanden*
(von unhandlichen Unterhändlern).

Ephemeriden

mit Sprücheklopfzeichen

Randfiguren außer Rand und Aphorismenband

Der Patient glaubt nicht, dass sein Analytiker ihn verstehen kann, weil der nie ein Analytiker hätte werden können, hätte er je dasselbe erlebt wie sein Patient. Sie reden aneinander vorbei.

Ich produziere und inszeniere gern mich selbst, kenne aber nicht meinen Text und Subtext.

Schreibt keiner wie ein Schweinehund, der nicht genossen hat wie ein Ölgötze?

Hinter Luftschloss und Schokoriegel. Dass ich auf Gedanken komme, halte ich für denkbar.

Warum gelten grad Abweichler als geradlinig?

Sind Nahtoderfahrungen Naherholungsgebiete?

Einfallsreichtum kann Gedankenarmut tarnen.

Am Hochaltar des Hochalters. Soll ich Deutsch
im Ausland sprechen oder Englisch im Inland?

Auf Augenhöhe treffen uns nur Augenblicke.

Nicht jedem Schweigen ist sein Worüber
und Weshalb gleich anzuhören.

Alle sitzen im selben Boot. Viele rudern,
einige sind am Ruder.

Auf Erden träumt man vom Mond, hinterm
Mond von der Erde, auf dem Mars von beiden.

Gefahr. Nimm nicht teil an Autorennen,
solange du noch Fahrstunden nimmst.

Melancholie : Endloses Draußen fällt versäumt
in endlos innere Leere voll lieber Toter.

Das Tun lässt nur das Lassen
und das nicht bleiben.

Nietzsche bekämpfte das Christen-Rom
nur durchs Cäsaren-Rom.

Reiche werden von Gentechnik profitieren,
um ihre Monokultur zu klonen.

Tierquäler nehmen den Schlangen nie Äpfel ab.

Was passiert? Dass stets fast etwas geschehen
wäre, was alles andere ungeschehen machte.

Das Leben verändert dich, bevor und nachdem
du es veränderst. Macht es dich zu einem ganz
anderen (als den), der es nicht anders will?

Nach dem Tod werden die Guten und die Bösen
ins Paradies vertrieben.

Eine Zensur findet nicht statt, aber das beste
Buch bleibt heute ein unbeschriebenes Blatt.

Popkultur ist ein straffreies Kapital-Verbrechen,
dessen Opfer fast jeder gern werden will.

Seele : Wahrnehmungsbündel in stetem Fluss?

Dass 1+1=2 ist, ist auch nur eine Mehrheits-
entscheidung, die man weislich nie herbeiführt.

In Demokratien wie in Diktaturen wird nicht
abgestimmt darüber, ob man sie hat und braucht

Literaturwissenschaftler verstehen jedes Wort,
das der Dichter nie geschrieben hat und hätte.

Grazie ist das Vermögen, seine Schwächen
hinter dem Abschwächen seiner Vorzüge
vergessen zu machen.

Gnade der späten Geburt erhöht die Leichtigkeit
des Lebens und die Schwierigkeit,
noch etwas Originelles zu sagen.

Gott hat die Welt aus dem Nichts erschaffen,
doch so nicht das Nichts aus der Welt geschafft.

Ist es gut, dass nur falsche Leute Gutes tun?

Der größte Vorzug von verknöcherten Greisen
liegt darin, das man selbst nie einer ist.

Weltuntergang ist nicht so etwas wie Sonnen-
untergang oder ein Verlierer von Weltmeister-
schaften oder eine Sache der Weltanschauung.

Wissenschaft beseitigt Unwissenheit, Philosophie stellt sie wieder her und Psychologie
das Unbewusste in allem Wissen klar.

Romantiker retten nicht Blümchen, um an die
Macht zu kommen, *alle* Blümchen zu retten.

Wissenschaft irrt so gekonnt,
dass sogar Wahrheit an ihr irre werden kann.

Die Welt wird ständig verbessert, ohne zu
wissen, was gut ist. Wer darüber nachdenkt,
was schlecht ist, wird nie etwas verschlimmern.

Böse, eitel, feige oder dumm sind fast alle,
nur nicht immer in den selben Situationen.

Hast du dich von deinen Eltern erlösen müssen,
um dich von deinen Kindern lösen zu können?

Weltverbesserung : fortgeschrittener Weltuntergang, den Progressive Welteroberung nennen.

Es ist einfacher, alles komplizierter zu machen
als möglich und nichts simpler als nötig.

Jeder könnte die Lebensverhältnisse so ändern,
dass keiner über deine Verhältnisse leben muss.

Selbstbeherrschung wird erträglich,
weil sie auch Selbstbedienung ist.

Die Tragödie der Geschichte ist die Komödie
der Gedanken – und umgekehrt.

Eher fließt Wasser bergan, als dass hienieden
so wenige Gute bestraft würden wie Böse.

Phantasie lernt aus den Fehlern,
die man machen könnte.

Ewiges Nichtstun hätte alles Schlimme
verhindert, außer dem Verhungern.

Gute Mediziner sind oft keine Hausärzte
und bleiben zuhause.

Staubsauger sind auch Staubfänger.

Es ist nicht alles abgewetzt, was glänzt.

Fließbänder werden auch an ihnen hergestellt,
aber es kostet Zeit und Kraft, diese zu sparen.

Der Tod befreit davon, Schulden lebenslänglich
mit ihnen zu bezahlen.

Wer fällt, verrät damit, wie er hochkam.

Potenz : moderne Form der Liebesunfähigkeit.

Wird uns Liebe ausgetrieben,
treiben Triebe uns um.

Existenzialismus : Die meisten können nichts
schaffen und erfinden als nur sich selbst.

Warum lange nachdenken,
wenn Tun und Machen so viel leichter sind?

Mit Güte kann man es mal versuchen, wenn alle
möglichen Bösartigkeiten durchprobiert sind.

Toleriert andere Überzeugungen,
vor allem deren Albernheit!

Sprechen Bestseller und deine Flops
für oder gegen die Leser?

Du liest, was Philosophen denken. Ein Philosoph schreibt, was die sich dabei gedacht haben.

Philosophie : Durchs Schlüsselloch einer weit
offenen Tür sieht man meist eine dunkle Wand.

Wer dich zensiert, wirbt für dich;
wer für sich wirbt, rezensiert andere.

Wahre Aussagen sind Klarsichtpackungen.
Ohne sie sieht man die Inhalte noch besser.

Gesundheit : Seelen- und Körperleiden machen
abwechselnd füreinander verantwortlich.

Wahrheitsliebe ist ein Rausch,
der einen nüchternen Kopf machen soll.

Weitstirnigkeit kann zu Kopfzerbrechen führen.

Trau nicht meiner Treue, also deiner Präpotenz!

Alt bist du, bevor Muskulatur Makulatur wird.

Wer weniger Verdienste hat, hatte mehr Zeit.

Schlechtes Gewissen tut gewiss das Beste.

Ich versteh die Welt nicht mehr,
seit sie Expertin für Leute wie mich wurde.

Werdet wie die Kinder, die nicht werden wollen
wie ihr!

Lebensangst ward Angst vorm Scheintod
zu Lebzeiten, Todesangst scheint zu leben.

Künstler perfektionieren nur,
dass Leben vollkommen unvollkommen sei.

Das Humane wird allzu gern betrogen
mit dem Allzu-menschlichen.

Wie kann man meisterlich bekämpfen,
was man selbst nicht meisterlich beherrscht?

Schauen ohne Bauen. Kunst vereint, was Kultur
scheidet, und Kultur vereint, was Kunst trennt.

Ein Nichts, in dem solche Welten stecken, muss
sich erstmal jemand in sieben Tagen ausdenken.

Verkehrsregeln machen nun impotent, und
Ehekriege machen Kriege zu Massenorgien.

Kinderkrankheiten wurden Therapien des Alters

Man will alles für gar nichts und kriegt
gar nichts für alles – wenn man so will.

Macht Gott zur Stärke der Schwachen, wer zu
schwach ist, Schwächen der Starken zu nutzen?

Leben besteht darin, seine langweilige Zeit
lebenslang zu verkürzen oder irgendwann gar
nicht mehr zu wollen, was man nie bekommt.

Gute Verlierer erzeugen schlechte Gewinner
oder verschämte Sieger, die Trophäen hassen.

„Je weniger Dichtung, die wirklich zu Herzen geht,
umso länger die Schlangen beim Therapeuten."
(*Durs Grünbein : „Das erste Jahr"*, FF/M. 2003, S. 178)

„Was soll ich hier, ein Zeitgenosse unter Zeitgenossen,
die mir so gleichgültig sind wie ich ihnen. Wir haben
uns nichts zu sagen, was über den Tag hinausgeht.
Und für den Flug durch die Zeiten gibt es die Bücher,
das Zwiegespräch mit den Toten." (a. a O., Seite 99)

Jeder hat die Pflicht, mir das Recht zu lassen,
auf meine und seine Rechte nicht zu pochen.

Hätte ein Held weniger Arbeit, hätte er mehr
Zeit und Geld und Welt – und umgekehrt.

Die langweiligste Form, sich zu vergnügen,
ist die vergnüglichste Art, sich zu langweilen.

Die dritten Zähne zeigt man der Jugend
nicht gern als Milchzähne.

Wissen will nie veralten,
doch Wille sich ewig erneuern.

Trachte nicht nach der Welt, betrachte sie als
Beträchtliches, das in Betracht kommt wie du.

Expandiert das All, damit du dich vor anderen
Halbwelten besser verstecken kannst?

Die meisten wollen (machen) kürzere Prozesse:
Friedensordnung ist wichtiger als Gerechtigkeit.

Leben heißt Ableben und Nachleben, und Töten
belebt. Ist alles erlaubt, ist nichts aufregend.

Sieger der Evolution : die schlauesten Gauner.
Mit Verlierern ist nur Gott, der größte Verlierer.

Der größte Wert meines Eigentums liegt darin,
es nie zu nutzen, es dich nie nutzen zu lassen.

Man passt sich der Macht an, die Macht dem
System, das System nur seiner eigenen Logik.

Fortschritt ist künstliche Mutation und Auslese,
Geschichtsgesetz ein Darwinismus der Zufälle.

Das Individuum wäre vielleicht unsterblich,
wenn Gattung und Gesellschaft ausstürben.

In *da Vinci* siegte Athen über christliches Rom,
aber Euklids Mathematik über Platons Zahlen.

Unentschieden ist besser als nichts. Nichts ist
besser als Sieg. Also ist Remis besser als Sieg.

Kleinkrämerische Altersgeschwätzigkeit

Miss dein Jugendwerk an meinen Alterswerken!

Ich halte mich immer für den Autor dieser Sätze und vergesse, dass ich sie nicht mehr verstehe, erinnere mich meiner Vergesslichkeit und entsinne mich nicht, wie gut mein Gedächtnis war.

Sex 2000. Ist es entschuldbar, sich für seine dauernde Unschuld dauernd zu entschuldigen?

Die Tradition von Traditionsbrüchen ist Urgeschichtliches, das auf Ungeschichtlichem ruht.

Jetzt wird schleunigst *entschleunigt* und etwas langsamer beschleunigt – zu rasanter Rast.

Es gibt nur noch Apokalypse oder Langeweile.

Zeitgeist : Aktionismus starrer Dogmen oder
mausetote Theorie der totalen Mobilmachung?

Die Wahrheit des Autos ist der ewige Stau,
totale Automobilisierung eine Schrottimmobilie

Wer totale Mobilmachung noch mobilisiert,
erreicht auch fernöstliche Totenstille.

Unding : Nothing is the thing without anything.

Wer „nichts" sagt, sagt nicht gar nichts.

Mehr Aphorismen machen altersgeschwätziger.

Deine Not rächt meine.

„Nicht(s)!" : Magischer Abwehrzauber gegen
den nichtswürdigen *Gott-sei-bei-uns*.

Lügen wollen bewahrheitet,
Aufrichtigkeit will erlogen sein.

Das Übermorgen veraltet heute das Morgen,
und Vorgestern machte Gestriges zum Morgen.

Gern gibt man seine gelernten Reflexe
für gelehrte Reflexionen aus.

Nach Gummihammer auf Knien : autonome
Reflexe. Nach Schicksalsschlag auf Köpfe :
automatische Reflexion.

Man überlässt sich den Aktivitäten heute passiv.

Das Herz rutscht heute beherzter in die Hose.

Zwischen Reiz und Reaktion reflektiert keiner.
Zwischen Reflexion und Aktion reizt
kein Reflex.

Reflex : Der Körper reflektiert (sich) selbst.
Reflexion : Der Kopf handelt reflexhaft.

n/0 = ∞. Jede Zahl ist eine unendlichfache Null.

Der eine sieht in Steinen und Wolken schon
Geister und Gesichter aufdämmern (oder sich
hervorquälen), der andere in blühenden Men-
schenleibern schon den Staub zu Staub rieseln.

Geld und Moral. Wer nichts mehr leisten muss, kann sich alles leisten.

Mancher zeigt nur bescheiden seine Arroganz und desto hochmütiger seine Zurückhaltung.

Fant-Asien : Der Rechte träumt transatlantisch, der Linke von Eurasien. Und jeder träumt den Traum des anderen als Alptraum.

Oft will *sie ihn* durch ihren Körper verführen, ihre Seele oder ihren Geist zu preisen.

Die gesunde Instinkte gegen kalten Intellekt kultivieren, ähneln eher Robotern als Tigern.

Tiere haben autonome Reflexe, und Spiegel reflektieren automatischer als Leute vor ihnen.

Funktionierende Reflexe gelten als gesunde Instinkte, kühle Reflexionen als lebensfeindliche
Verstiegenheiten weltfremder Wichtigtuer.

Wo *Freund Hein* herumspringt und höllischen
Lärm macht, sieht man überschäumendes Leben

Ein Berg, so hoch, wie das Tal vor ihm tief ist,
macht noch kein Flachland.

Ob vor Schmerz, ob vor Lust, man stöhnt ewig.

Endlose Einschränkungen der Unendlichkeit
ergeben noch kein begrenztes Ding.

Du besitzt keine Kenntnisse,
man kennt deinen Besitz.

Man verliert seinen Verstand wie einen Krieg
und umgekehrt.

Mit der Zeit verliert jeder die Kraft,
sie wiederzufinden.

Unheilbare Furcht vor ihnen wurde gefährlicher
als manche seltenen Krankheiten.

Individuen haben die Klasse,
der sie nicht angehören.

Die Unterwelt ist alles, was der Überfall ist,
und nichts, was der Beifall ist, ist die Nachwelt.

Grips in Gips. Anerkennung erkennt man stets,
Erkenntnis aber selten an.

In die Weite getrieben sucht man die Enge.

Enthaltsamkeitsübung macht den Schulmeister.

Tod? Man beißt nur noch in verseuchtes Gras.

Der Gynäkologe lebt von der Hand
in den Muttermund, nicht in den Volksmund.

Sei gefesselt von der Freiheit, die du mir lässt!

Unsterblichkeit heißt, Erinnerungen verlängern
Erlebnisse nur unwesentlich.

Unsterbliche überleben eher sich als einander.

Zeitweise vergeht keine Zeit, doch mit ihr
vergeht jeder und sie sich an jedem.

Meeresforscher schwimmen mit jedem Strom,
Quellenstudien aber gegen den Strom
der Überlieferungen.

Man steht im Warenhaus, sitzt im Zuchthaus,
liegt im Freudenhaus und steckt im Irrenhaus.

Es gibt so viele kopierbare Genies
wie unnachahmliche Imitatoren.

Auf Alte hört keiner mehr gehörig, also hören
sie schlecht und gehören zu Untoten.

Hirnforschung : Das Ich hat Kopfschmerzen,
doch das Hirn ist schmerzunempfindlich.

Getroffene(s) bitte nicht gleich streichen!

Wirken besitzergreifende Leute herzergreifend?

Wer gegen den Geldstrom schwimmt, ist arm
oder geistreich, und die Rechten kommen ins
Schwimmen gegen den Flüchtlingsstrom.

Hat man *bloße* Vorstellungen von der nackten
Wahrheit über harte Realitäten, aber verkleidete
Tatsachen über weiche Wirklichkeiten satt?

Ökologie : Freude von Sachgeschädigten am
Dachschaden der Schadstoffproduzenten und
giftigen Schädlingsbekämpfer.

Dein Abkühlen kann Kältere abschmelzen.

Krankenscheintot. Der Ewige zieht der Zeit
jeden Weisheitszahn ohne Betäubung.

Armleuchter übernahmen die neue Aufklärung.
Es währt, solang man es (ge)wahrt und gewährt.

Der Mann wurde Hahn im Korb,
den Frauen ihm geben.

Absolute Wahrheit gibt es noch
als Philosophiegeschichtsfälschung.

Abweichler verhärten sich gegen Weicheier,
die ausweichen und entweichen wollen.

Arm ist, wer weniger hat als der Arbeitslose
ohne Vermögen.

Notgeile Nötigung kennt kein sechstes Gebot.

Waren sprechen dich an – auf deine Ansprüche.

Mancher Autor spricht Torte und isst Worte.

Spinnen : den verlorenen Faden wiederfinden.

Lachen verzerrt das Gesicht
mehr als der Witz die Welt.

Zusammenrotten von Individuen rottet sie aus.

Jedes Geschöpf hat die Hand im Spiel,
das sein Schöpfer in der Hand hat.

Regelrechter Lebenslauf : aufrechter Übergang
zum senkrechten Untergang.

Platon hatte die Idee, dass wirkliche Ideen nur
zu realisieren sind durch idealisierte Idiotien.

Es langt. Der freie Markt darf dein Verlangen
verlangen, erlangen und belangen.

Zuchthäuser sind Inzuchthäuser des Hasses,
Freudenhäuser aber Warenhäuser der Liebe.

Unwissen handelt besser unbewusst
wider besseren Gewissens.

Mit geliebten Toten würde man lieber weiter
lebenslang bis aufs Blut streiten können.

Sex kommt unsachlich zur Ursache von jedem.

Fürwahr, Sichtbares nimmt man gern (für) wahr

Die wenig zu sagen haben, sagen dem nicht
wenig zu, der ihnen mehr zu sagen hat – sagt er.

Ein sonniges Gemüt sitzt im Dunkeln.

Jeder liebt jeden: Eigenliebe der Herde (Horde).

Lebensfreude und Mordsspaß am Leben
beenden einander.

Orakel : Zungenschlag des Schicksalsschlags
und Schlager der Schläger.

Herrscht Selbstbedienung gut über alle,
dient Selbstbeherrschung keiner guten Sache.

Am Ende gibt man seine Geistlosigkeit auf,
um ein guter Geist oder Ungeist zu werden.

Nach Jesu Tod galt Gottvater vielen
als verkrachte Nichtexistenz.

Im Wesentlichen offenbart jedes Wesen nur
Unwesentliches vom Unwesen, das es treibt.

Alternativen : Hinter unscheinbarem Anschein
scheint nichts (als) Unansehnliches zu sein.

Die ganze Wahrheit bricht unter der Beweislast
zusammen zu unbeweisbaren Aphorismen.

Leute fesselt nichts als Leute, die etwas fesselt.

Altersweise heißt, wer den Witz im Unwissen
unbewusst oder gewitzt vergisst.

Inzwischen steht die Allgemeinheit fest
auf der bodenlosen Gemeinheit aller.

Entweder du wirst groß oder geliebt, du liebst,
wie du bist, und wirst geliebt, wie du nicht bist.

Welche Kirche durchkreuzte ein Hakenkreuz
durch Hauskreuz und Wahlkreuz?

Viele Dummheiten sind entlarvte Intelligenz
und wie viele Schönheiten naturgetreue Masken
des Hassenswerten.

Lach und schimpf über mich, und Hass herrscht
über dich. Fliegen kann, wer den Spaßvogel hat.

Triff die Wahl des Vortrefflichsten, das zutrifft
und dich dann doch nicht (be)trifft!

Nimm Vernunft an und verlier den Verstand,
verlier dein Herz und deinen Kopf gleich mit!

Wer immer in sich geht, kommt weiter,
als wer nie aus sich herauskommt und –geht.

Für alles fehlt es plötzlich an Platz, doch nichts
ist fehl am Platz als Platzangst, vor der du platzt

Stoßt mich nur vor den Kopf,
auf den ich nicht gefallen bin!

Was von Vorteil ist, ist nicht stets zum Vorteil.

Ein bewegtes ist noch kein bewegendes Leben.

Hast du das Zeug, mir daran zu flicken?

Das Leben ist ein aufschäumender Traum,
wo du von dem träumst, der von dir träumt …

Am Feierabend werden faule Zauber fleißig
entzaubert.

Such dein Heil nicht darin, dass es mich kränkt!

Man begreift, was man nicht in der Hand hat.

Alles an mir wird bejubelt, von Feinden meine
Schwächen, von Freunden meine Stärken.

Das böse Objekt hält sich für ein liebes Subjekt,
das fragwürdige Individuum hält man für ein
zweifelhaftes Subjekt.

Wer verpasst, was zu ihm passt,
kriegt verpasst, was ihm nicht passt.

Ferienangebote, die Urlaubszeit totzuschlagen...

Das Brett, vor den Kopf gestoßen,
ist noch kein anstößiger Gedanke.

Auch Aphorismenbände sind nur Schuttberge,
die einige Goldkörnchen verstecken wollen.

Gegen Vorurteile gibt es oft die größeren.

Manche Atheisten leben, als existierte ein Gott;
mehr Christen aber leben so, als gäbe es keinen.

Nichts ist schon ideal und ein Ideal noch nichts.

Wer ganz tief in der Tinte sitzt,
ist noch keine begnadete Schreibfeder.

Ein Weltbild ist ein Tunnelblick.

Der Nesthocker hat einen Pechvogel,
der Nestflüchter oft einen Spaßvogel.

Geflügelte Worte : wenig beflügelnde Werte.

Unsalomonische Zusprüche

„Der geglückte einzelne Satz aber kann als solcher beiden
(Handke und Kafka : RFS) einen Augenblick lang die
Ruhe der Idylle gewähren." *(Renate Böschenstein, 1984)*

„All things have rest, why should we toil alone?"
(Tennyson, „The Lotos Eaters")

Onanie ist befriedigender als Selbstbefleckung.

Was man gemeinschaftlich erlebt, ist meist nur
die Gemeinschaft selbst.

Theokrit, Vergil. Arkadien liegt nicht in Hellas,
sondern im Dichten und Denken selbst.

Jede Idylle ist der bösen Welt solange böse,
bis sie dahin ist.

Es gibt mehr arme Sünder als reiche Teufel.

Theologie verhält sich zu Gott
nicht wie Atomphysik zur Atombombe.

Die Allgemeinheit und ihr Allgemeinbegriff
sind alles, was nie der Einzel-Fall darunter ist.

Priestern fällt das Glauben oft schwerer
als Pessimisten das Scheitern.

Pflanzen und Tiere stöhnen unter keiner
Naturgeschichte, Sterne unter keiner Freiheit,
Leute und Unmenschen unter keiner Kultur.

Der Aphoristiker erblickt das Geistesblitzlicht
der Welt(bildkamera).

Der Aphorismus ist die psychologische
Auslegung einer philosophischen Überlegung
in *einem* poetischen Satz zwischen den Zeilen.

Man kann platonische Ideen angaffen oder
selbst erschaffen, weil sie und wir geschaffen
sind aus demselben (Ab-)Grund.

Mich fesselt etwas, als ginge es mich nichts an:
Tiefste Interessen langweilen mich noch tiefer.

Gott schenkte dem *Taugenichts* Eichendorff(s)
keine Gräfin im Schloss, sondern einen Wein-
berg und eine Portiersnichte, für die er den nun
bearbeiten konnte – wie Vaters böse Mühle.

Der Künstler ist ein Bürgerschreck, weil er
ein Faulenzer ist, Fürsprecher von Widerstehen,
Widersetzen, Widerlegen, Widersprechen …

Poeta doctus. Von Hippokrates bis Uhlenbruck
doktern sie an uns herum, schneidige Heiler und
heilige Dichter mit aphoristischen Skalpillen.

Das Ziel der kleinsten Taten sind nicht Werke,
Werte und Tatsachen, sondern größere Untaten.

Und die Wahrheit von Wahrheitsbeweisen?

Nur Beliebiges, das in ihrem Belieben steht,
ist bei Beliebigen beliebt.

Von krampfhafter Entspannung entspanne ich
mich am leichtesten durch Starrkrämpfe.

Aphorismus : Satz für Satz für Gegensatz
im Widerspruch dazu und auf dem Sprung
aus dem Ursprung von allem und nichts.

Einzelfälle fallen unter ihre Begriffe, die in den Abgrund zwischen Einzelaphorismen fallen.

Architekten lesen zwischen den Häuserzeilen Gedankengebäude, die dort noch nicht stehen.

Entweder erlebst du etwas oder machst dir ein Bild davon oder filmst es.

Gleicher Lohn für ungleiche Arbeit, für Mann und Frau, Mann und Maus, für Arm und Reich und Arbeitslos! Was bei Linken Demagogie ist, wird bei Rechten nicht Demokratie u. u.

Alte sind bilanzierend, kurzatmig, verschrumpft, leichtfertig, kinderverspielt, rechthaberisch, starrsinnig, isoliert, bitter, erfahrungsgewitzt, sarkastisch, kaustisch, narrenfrei, unbeliebt, mikrologisch, randständig – wie Aphorismen.

Am Tage träumst du davon, wenigstens nachts
schöner zu träumen.

Meine Angelegenheiten kommen mir oft so
ungelegen wie deine Anliegen.

Hasst du mich, liebst du deinen Hass und den,
der mich hasst : Liebe macht blind(en Hass).

Erleben belebt. Wer sich genug vergnügt,
begnügt sich mit der Note „Genügend".

Was wir vorfinden und dabei empfinden, ist
selten schlimmer, als was wir dagegen erfinden.

Ich krieg meine Zeit meist damit rum, mich
rumzukriegen, dass ich Krieg mit mir krieg.

Umweg ist das Ziel von Kultur, Holzweg das
Ziel des Waldes, Dienstweg das Ziel des Staates

Das Stein- und Beinharte weicht ab,
das Weichei weicht aus und entweicht.

Gott legt seine Gene im Menschen an, der sich
in Liebe amor-tisiert und im Tode a-mortisiert.

Wahrheit ist oft Ansichtssache, aber Ab- und
Ansicht nie Sache der Sach- und Fachlichkeit.

Dass es Notwendigkeiten gibt, kann Zufall sein,
aber nicht, dass es Zufälle gibt.

Glück des einen ist Pech des andern und
umgekehrt, doch Bosheit und Dummheit
des einen nicht Güte und Klugheit des andern.

Gute Menschen klagen, der Mensch sei nur so schlecht wie die Welt. Schlechte Menschen sagen, die Welt sei so schlecht wie der Mensch.

Von 9 zu 90 Jahren : nur eine Null älter!

Esprit 2000 : Spirituelles als Spiritismus unter Spirituosen.

Hört nix: Wem das dicke Fell über die Ohren gezogen wird, dem gehen sie unter die Haut.

Man muss erst krank werden, um kein krankmachendes Leben mehr führen zu können.

Wo Weihrauch ist, da ist auch Fegefeuer, und der Verlust einer Last macht Lust oder lustig.

Pessimismus ist der Optimismus,
Optimisten überzeugen zu können.

Verantwortungsvolle Antworten stellen Fragen
in Frage.

Gleichheit und bloße Ähnlichkeit täuschen
einander gern vor.

Nackte Wahrheit gibt sich bloß die Blöße,
verschleierte Untat-sache zu sein.

Die beste Werbung ist Umworbensein
vom eigenen Verführtsein.

Stell dir vor : Was deinen Vorstellungen wider-
spricht, kann dir gerade entsprechen.

Sinn des ganzen Welttheaters ist der Zuschauer.
Wer immer lästig fällt, wirkt auf Bühnen lustig.

Dein Realismus ist ideal für die Realität.

Der geborene Lehrer behält geborene Schüler,
der geborene Arzt auch gestorbene Patienten.

Im Anfang war das Wort, das Wort ward Satz
und machte Dinge satzfest und Sätze dingfest.

Wer an einem Satz länger sitzt als andere an
einem Aufsatz, muss kein Aphoristiker sein.

Toleriere ich ihre Villen, weil sie meine
Dachmansarde tolerieren, oder dulden sie
meine Hütte, damit ich ihre Paläste erdulde?

Ein gutes Wort hebt sich selber auf –
das Niveau eines Bonmots.

Am Armen wird Geistreiches gerügt,
geistige Armut am Reichen gerühmt.

Auch Blinde haben Einsichten und Absichten.

Aphorismen geben es uns, indem sie uns die
Fähigkeit nehmen, es treffender zu sagen.

Der Aphoristiker wiederholt ständig die Wahrheit, indem er ständig das Thema wechselt, bis
er Irrtum und Irrsinn wahrhaft verwechselt hat.

Wer mein letztes Buch nicht liest, von dem lese
ich gar nichts und schreibe ich alles.

Die Stillen im Lande, die Lauteren in der Stadt?

Das bloße Alter spielt die Nebenrolle, die der
Alte spielt, wenn er schwätzt, was er vergisst.

Zeit, die ein Greis nicht mehr hat,
ist Geld, das ein Kind noch nicht hat.

Altersweise ist, wer nichts mehr im Gedächtnis
hat als ureigene Gedanken.

Aphorismus : wahre Alternative zu den falschen
Alternativen von unverständlichem Wissen,
banaler Weisheit, lächerlichem Witz,
anregender Lüge und blühendem Blödsinn.

„Warum ist überhaupt etwas und nicht vielmehr
nichts?", denkt Descartes, also ist er.

Ungedroschenes ist Angriff auf Abgegriffenes.

Ein gutes Nichts ist nichts Gutes. Sein *Seyn*,
das für Heidegger ein *nichtendes Nichts* war,
ist nichts für mich.

Nichts zu sagen ist nichtssagend oder sagt alles.

Man will ja nur weniger als gar nichts
und erregt schon Widerwillen dagegen.

Scheißdiskussion : hitziges Gespräch zwischen
Stuhl, Kot und Kacke. Mit geregeltem Stuhl-
gang kommt man nun weiter als mit Kirchgang.

Zwischenmenschliche Beziehungen wurden
allzu-menschlich unmenschliche An- und Ent-
ziehungskuren.

Die längste Verbindung zwischen zwei Standpunkten ist die Kultur, also krumme Wege statt Geradlinigkeit.

Gib dich nicht preis, gib uns einen Siegespreis statt Spott- und Kaufpreis.

Schneller als seine Opfer vergisst man seine Helfer.

Womit verdient man gut seinen Unterhalt, mit dem man gute Unterhaltung verdient?

Wie kann man seinen Wunsch nach erfülltem Leben mit Leben erfüllen?

Mit etwas gutem Willen erreicht man Besserwillen zum erstbesten Bessergewissen.

Wer das höchste Ziel erreicht,
wird die beste Zielscheibe.

Welcher Kritiker kann die bedeutsamste Bedeu-
tungslosigkeit meiner Andeutungen wegdeuten?

Wer erlesen *schreibt, der bleibt* ungelesen.

An seinen erlesenen Lesefrüchten sollt ihr
den Schlagbaum der Erkenntnis verkennen.

Unterwelt ist alles, was der gefallene Engel ist.

Wenn man nur ewig sterblich sein könnte!

Arschloch : Das Häufchen Scheiße
auf einem Haufen Scheiße.

Vorsicht : Manche ungetroffenen Zielscheiben
schießen zurück!

Das Gewissen ist gewiss besser,
wenn es unbewusst ein schlechtes hat.

Sartre 2020? Heureka : Ich hab mich erfunden!

Sex ist nicht mehr schmutzig.
Man muss sich vorher nicht mehr waschen.

Man muss schon sehr schwach werden,
damit Selbstbeherrschung nicht zu schwer ist.

Mehr Bücher als Totenschädel haben Köpfchen.
Erst hat man Köpfchen, dann ist man Schädel,
und ein Massenhirn hat keine Hirnmasse.

Wittgenstein 2020. Wir müssen mal wieder offen miteinander schweigen.

Kleinödipus muss warten, bis sein Papa Opa ist.

Liebenswert und lobenswert. Man geht in sich, weil es ja auf die inneren Werte ankommt.

Aphorismus : Kurzschluss durch Geistesblitz.

Himmel auf Erden, Friedhof auf Erden.

Geht auch die Pornographie durch den Magen oder auf den Magen?

Die freie Muse ist der Diktator des Dichters.

Im Westen nichts Neueres als neurotische
Zukunftsangst im endlosen Weltuntergang.

Überm Frauenhaus steht : *Nein, meine Herren!*
Überm Freudenhaus : *Hinein, meine Herren!*

Musik drückt aus, was sich mit Ach und Krach
sagen lässt. Philosophen denken nur ans Eine,
was sich mit Begriffen nicht (an)greifen lässt.

Die Erde dreht sich nicht mehr um sich selbst
wie jeder Bewohner, sondern um unsere
Reichen und ihre schwarzen Taschenlöcher.

Naturgesetze sind vom Schöpfer verabschiedet
auf Immerwiedersehen. Bis auf Weiteres.

Die *bessere Hälfte* lebt in der besseren Halbwelt

Kriegs- und Friedensverbrecher brechen
ihren verkehrten Verkehr oft zu spät ab.

Frauen hassen Falten,
selbst die Einfalt, Vielfalt und Dreifaltigkeit.

Der Hahn löscht seinen Durst am Wasserhuhn,
werden ihm schöne Hühneraugen gemacht.

Ebenso oft schwindelt das Kind wie dem Greis.

Wir beide sind durchschnittlich begabt:
Ich bin sehr klug, und du bist sehr dumm.

Vom lieben Gott reden nur noch Atheisten,
von Autorität nur noch Antiautoritäre,
vom Leben nur noch Antibiotika-Firmen.

Ein runzliger Säugling ist ein runzliger Greis
mit rosiger Zukunft.

Justiz schützt nicht immer Recht vor Freiheit.

Wenn keiner was sagt, hat keiner mehr
und anderes zu sagen als der andere.

Alles ist ziemlich klein – von nahem, weil man
genauer erkennt, und von ferne sowieso.

Gängigste Emanzipation von Vergewaltigung
und sexistischer Arbeitsplatzbelästigung
ist das Greisenalter.

Metaphysiker studieren heute Atomphysik,
Dichter eher Metasprachen.

Aus der Geschichte lernt man heute,
dass sie nichts lehrt und nichts verlernt.

Der Aphoristiker ist geistreicher als sein Kopf
und häufig langsamer als Hand und Fuß.

Keiner versteht dich. Tötest du zu wenig?

Wer unaufhörlich morden könnte, lebte ewig.

Satiren : Zungenspitzengefühle für Spitzbuben.

Verhängt über Dummköpfe ein Ideenembargo!

Gott schaut aufs Äußere, er liebt die Hässlichen.
Sie sind ihm teuer weil treuer.

Wenn du mit dir kämpfst, gewinn ich, denk ich.
Ich denke, also lenke ich nicht.

Wer über uns ist, ist uns voraus
und doch mitten unter uns hinter uns her.

Lernen ist die Klugheit der Dummen,
Wissen ist die Dummheit der Klugen.

Wer selbst mordet, ist noch kein Selbstmörder,
und wer dich selbst erkennt, hat deshalb noch
keine Selbsterkenntnis.

Teufel sind zu allem (und allen) gut.

Die Hölle hat keine totalitäre Monokultur. Jeder
wird hier nach seiner Fasson unselig und böse.

Lebensmittel werden erzeugt in der Arbeitszeit,
menschliche Lebewesen gezeugt in der Freizeit.

Aphorismen : Eher Ruinen als Baupläne
nie errichteter Gedankengebäude.

Man verdaut Wissensdurst, Machthunger und
Liebeshunger besser als hochgeistige Nahrung.

Auf jedes verkannte Genie kommen
nun zehn unbekannte Ingenieure.

Gestrandete nackte Tatsachen
treiben gern Freigeisterkultur.

Auf eine gesuchte Wahrheit kommen zehn
gefundene Wahnideen, auf eine wieder-
gefundene Ewigkeit tausend verlorene Zeiten.

Wie viele werden noch sterben, solange ich
lebe, wie viele noch leben, solange ich tot bin?

Humor ist witzlos, und Komik ist lächerlich.

Häufigste Vermögensbildung ist Ausbeutung
mit Enteignung ganz ohne Bildungsvermögen.

Wo Verbotstafeln verboten sind, ist Erlaubtes
und Freigegebenes strafbewehrte Pflichtübung.

Das Hirn ist heute hinten, der Hintern vorneweg

Gedankengebäude ragen in Wolken, werden auf
Sümpfen errichtet, an Kritiker vermietet, als
Kathedralen oder Flüchtlingsheime genutzt, zu
Luftschlössern saniert, aus der Luft beschossen.

Zur Sache kommen? Taten und Untaten
schaffen vollendete Tatsachen eher ab und weg.

Liebe macht blind, Ehen machen sehend.

Die kostbarsten Kunstwerke werden schon
wie kostenfreie Schonkost verabreicht.

Die ganze Wahrheit ist mehr als die Summe
der Halbwahrheiten und die ganze Unterwelt
mehr als die Summe der Halbweltexistenzen.

Wahrheit heißt: Die Stimmung stimmt bestimmt
mit dem überein, was stimmt, aber verstimmt.

Ihr Selbstbewusstsein ist bewusst selbstbewusst,
doch wer glaubt den Glaubenspredigern?

Ein Genie schafft nur neue dumme Stümper.

Aufklärung verteidigt nackte Fakten gegen bloße Ideen und doch ein Ideal gegen böse Fakten.

Man trifft seine Wahl, indem man ausgewählte Mitmenschen mit ihr trifft.

Wer sich selbst verdeckt und bedeckt hält, muss keine nackten Fakten entdeckt haben.

Die ganze Wahrheit über alles und mich selbst ist nicht ihre unkenntliche Unerkennbarkeit.

Du bist sehr einfühlsam, doch ich bin ja heute gar nicht ganz da. Wer sich in andere einfühlt, ist außer sich, und wer in sich geht, kann sich in mich nicht mehr hineinversetzen.

Gemischte Gefühle haben häufig gewisse
Beimischungen von Gedankenlosigkeiten.

Schwarzweiße Wahrheit über den grauen Alltag
liegt in grauen Theorien über seine Grautöne.

Engagiert gegen Engagements. Gelassener
Eskapismus ist die Summe aller Unterlassungs-
tugenden.

Auch schrankenlose Güte macht beschränkt,
und Dummheit beschränkt sich auf Wissen.

Frühtau kommt im Schlepptau der Nachtfeuchte

Die heile Welt ist alles, was der Pflegefall ist:
Pflegebedürftige pflegen die Pfleger zu pflegen.

Entweder kommt man nicht ins Gespräch
oder nicht ins Gerede oder nie ins Geschäft.

Aus den Augen verlierst du vor allem Blicke,
die du wirfst (und die andere finden).

Geistesblitze hat, wer in den Wolken schwebt,
Donnerwetter nochmal!

Der Liebende erblickt das Licht der Mitwelt,
das Licht der Unvernunft des lieben Nächsten.

Ohne leidenschaftlich Angehimmeltes leidet
man höllisch: Ohne Verteufeln kein 7. Himmel!

Findet man sich schon selbst, wenn man alles
Nötige fehlen lässt, um sich selbst zu verfehlen?

Ehestreit : Hauskreuzverhör.

Tu auch Böses nur, wenn es dir nicht gut tut!

Gedanken ans Ende denkt nur Religion zu Ende

Dass er nichts mehr behalten kann, kann der
Altersgeschwätzige auch nicht für sich behalten

Erkennt man sich schon selbst, wenn man alles
Nötige verkennt, um sich selbst zu verkennen?

Greife nur an, dass man Angriffe auf dich
zu gut verteidigt und deine Angriffe angreift.

Stellt das Licht darunter den Scheffel ins Licht?

Nachfahren gedenken der Greise
und Greise nur ihrer Kindheit.

Ein Schicksalsschlaganfall ist eine Gehirn-
wäsche, die dir nicht nur den Kehlkopf wäscht.

Sachschadenfreude empfinden nicht nur
Dach- und Fachgeschädigte.

Die fünf Sinne machen und erfassen nur noch
Unsinn, und der Sinn des Ganzen wird über-
und untersinnlich.

Verschweigen ist nur vergoldet
und Gerede zu versilbern.

Liebe ist blind. Ist Selbsterkenntnis Eigenliebe?

Gesundheitsbewusstsein wurde zu einer nicht
anerkannten Geisteskrankheit.

Husserl hatte die Intention, zur Drucksache
zu kommen, indem er allen Philosophen,
die ihr Unwesen treiben, die *Wesensschau* stahl.

Muss man für sein Umkippen geradestehen
und sich Standes- und Wohlstandszwängen
ständig beugen?

Misserfolg erfolgt oft eher
als nicht vermisster Erfolg.

Umsichtige Rücksichtnahme ist ersichtlich
oft nur Ansichtssache und Absichtserklärung,
die eher mit durchsichtiger Nachsicht behandelt
als mit Vorsicht genossen wird, zusehends auch
ohne absehbare Aussicht auf Einsicht.

Wer nicht umwirbt und für sich wirbt, verdirbt.

Dem grauen(vollen) Alltag wird´s zu bunt, wo
grausame Werbung ihn nicht grau in grau malt.

Totschweigen ist mit goldenen Worten leicht
aufzuwiege(l)n.

Sind Kulturwissenschaftler kultiviert, Human-
wissenschaftler allzu menschlich, die Geistes-
wissenschaftler geistreich, Soziologen gesellig,
Physiker Naturburschen, die Anthropologen
Philanthropen, Biologen ernsthaft lebenslustig,
und haben Futurologen eine Zukunft?

Es ist schwerverständlich, warum lebende
Physiker die unbelebte Natur mit toten Zahlen
besser verstehen als lebendige Biologen
die belebte Natur ohne leblose Zahlen.

Tut nur Unerwartetes und erwartet nur Untaten!

Kleine machen kleiner, Kluge klüger, Harte
zarter und Gute uns besser oder nur böse.

Sozialhilfe wird lohnenswerter,
wenn Entlohnung nicht lohnt.

Sadisten sind Quälgeister, die in Lustschlössern
spukend auf Luftschlösser ihrer Opfer spucken.

Mein Traumtod : An der Grenze zur Irrealität
erschossen aufgefunden werden. (Die Realitäter
sind erfolgreich auf ewiger Gedankenflucht.)

Unverblümt blumig. In Schusslinien von Aus-
schüssen stehen die geradlinigsten Richtlinien.

Gefühle können besser täuschen und
enttäuschen als sich und einander vortäuschen.

Astronomie ist ein ertragreicher Vertrag von
Hirnen und Sternen, wo Gott das All beisteuert.

Hilft Kratzen gegen Krätze? Die Realität ist
selten auf der Flucht vor dem, der sie flieht.

Wenn ihr nicht werdet wie die Kinder,
werdet ihr nie steinalt.

Ein Satz ersetzt Längen, ein Aufsatz
Verkürzungen und ein schweres Buch Gewicht.

Ein ausgefallener Einfall verkauft seine
Allergien für desensibilisierenden Beifall.

Schlagen Richter die richtige Richtung ein
mit gerechter Verteilung der Ungerechtigkeit?

Wer erschuf das Nichts, in dem alles,
und das All, in dem nichts drinsteckt?

Gott erschuf jeden Menschen,
der seinen Abgott erschuf.

Ein Realist ist ein Idealist, der die Idee hatte,
sich zum Ideal zu machen, ein wirkliches Idol.

Ein Geistesheld ist ein Held ohne Heldentat
und ein Alltagsheld, der Maulhelden fürchtet.

Neuere Geschichte erzieht durch Erschießungen
(oder Erzählungen von Vorschüssen dafür).

Vorgesetzte gestehen ihre Vergehen. Die Strafe
müssen Unterlegene absitzen, auf Ruderbänken.

Ein überflüssiges Buch ist wenigstens
ein nötiger Täter weniger.

Popkultur ist revolutionsepigonale Regressions-
avantgarde.

Aphorismen : zeitbedingte Preisschilderungen
von verewigten Wort- und Wertentwicklungen.

Niedere Triebe und Hochkultur verhalten sich
nicht wie Dialekt und Dialektik.

Diesen zweifelhaften Individuen sei verziehen:
Sie haben wenigstens dich hervorgebracht.

Nur Roboter erfinden und benutzen Roboter.

Absichten sehen von der Welt so wenig
wie Ansichten und Aussehen.

Ein Aphorismus, eine der klügsten Dummheiten
und gütigsten Bosheiten, ist eine der besten
Methoden, den Fortschritt hinter sich zu lassen,
und sollte die Aufrichtigkeit des Revolvers
und der Giftspritze nicht anstreben.

Der Geist, den Aphoristiker haben, spukt in
Luftschlössern oft mehr als in Lustschlössern.

Ein schwerer Philosoph ist eine Gänsefeder, die
einen Berg von Problemen aufwiege(l)n will.

Hast du schon nachgedacht (bekommen)?

Ich verstehe von mir so viel
wie ein Stein von Geologie.

Man vergisst nur, um erinnert zu werden,
und gedenkt nur, um vergessen zu werden.
.

Neugierig ist man nicht auf ihre reichen Krea-
tionen, sondern auf die arme Kreatur dahinter.

Ein Satz besteht aus Synonymen, Homonymen,
Antonymen für verdrängte Worte und Werte.

Hirn thront gleich überm Riecher, Herz über
Hoden und Hymen, Hals über Hand und Fuß
und der Himmel über Hirnen und Höllen.

Gutes gibt es, damit man Böse flieht, den ewigen
Tod gibt es, damit man das kurze Leben liebt.

Das Imaginäre flieht den, der nur auf der Flucht
vor Realität(ern) ist.

Pech. Du bist mir lieb, doch nicht mein Typ;
ich bin dein Typ, doch dir nicht lieb.

Der Optimistkäfer muss verzweifeln, und der
Pessimisthaufen darf hoffen, sagen Mystiker.

Muss den Wald verlassen,
wer ihn vor lauter Bäumen noch sehen will?

Ernährungsbewusstsein bestimmt bürgerliches
Sattsein, die Mm-oral nun das Verfressensein.

Was denkt (nicht, was gedacht wird), existiert:
„Dasselbe ist Denken und Sein." (Parmenides,
500 v.Chr.) „Leben heißt denken" (Friedrich II.)

Apropos oppositive Proposition
Mit Schneisen ohne Breschen

> „Wo viel Worte sind, geht es ohne Sünde nicht ab."
> *(Sprüche Salomonis 10, 19)*

Linke schwimmen gegen den versiegten Strom.

Geschwätzig ist das Alter, nur nicht in Bonmots.

Frauenhelden fürchten Geschlechterkriegshelden

Dialektik verdreifacht die Welt und verzweifelt an der Einfalt der Logik, auch die Dreifaltigkeit einfach zu vervielfältigen.

Unser kleinster gemeinsamer Nenner ist die Nummer Eins, wenn die Gemeinsamkeit nullt.

Wurzeln schlagen keine Flügel
und Flügel keine Wurzeln.

Manche Äußerungen verraten viel Idealismus
und Selbstbewusstsein, aber an wen, bitte?

Erschütternd, was der ausgeschüttete Schutt
alles zuschüttet und was dabei verschüttgeht!

Dass Geistesheldentaten selten hochdotiert sind,
wird oft wenigstens anekdotiert.

Man tut sich schwer, weder Ähnliches
noch das Gegenteil zu tun.

Haben schlafende bunte Hunde wohl Schwein,
wenn sie sich mit Schweißperlen sauwohl
vor die Saudummen werfen?

Aphorismen sind der Versuch, in Demokratien
geistreich zu sein, also auch ohne Zensur.

Schlechte Normen lax befolgen ist besser
als (erst)beste Normen scharf überwachen.

Informationen muss man sich verschaffen
oder erschaffen.

Der Größenwahnsinnige glaubt nicht, dass er
der Größte ist, sondern dass alle das glauben.

Gut sein heißt, auf den lieben Nächsten
zu zielen und nicht zu treffen.

Die Seele ist für den Leib oft zu geistreich
und für den Geist zu leibhaftig einverleibend.

Deine Neigungen schaden dir,
tust du deine Pflicht profitabel.

Wer alle Menschen zu Narren macht, gehört
als Karikatur eines Menschen ins Irrenhaus.

Bist du frei, wenn du von dir eingenommen bist
oder dich nur eigenen Zwängen unterwirfst?

Ist in Wahrheit nur die Zeit, die es braucht, sie zu
finden, zu sagen, zu verstehen und zu verbreiten?

Keiner versteht (und keinen verstehen)
Arm und Reich zugleich.

Gibt es Freiheit, freiwillig auf sie zu verzichten,
und fesselt es zu sehr, sich von Fesseln zu lösen?

Nietzsche now: Cooler Kult der Kulturlosigkeit.

Zu viele sind nicht ohne Fehlen von Fehlern.

Leben ist Fallen, und dir kann gefälligst gefallen,
was du dir von Natur gefallen lassen musst.

Mein Bild von der Welt verdeckt mir die Welt.

Ich liege auf Stelzen und siege laufend im Sarg.

Künstler sollte sich nicht nennen, wer dafür
(Schmier- und Schmerzens-)Geld verlangt.

Mein Wort will keine Leser verletzen,
sondern nur ihr dickes Fell zeigen.

Apropos idyllische Elfenbeintürme

Das Leben der Theoretiker hat heute immer weniger Gegenstände, die nicht zu Objekten der Praxis gemacht werden sollen. Sozial-, Geistes-, Geschichts- und Wirtschaftswissenschaften sind unmittelbar praktisch orientiert und motiviert. Recht und Moral, Ökonomie und Ökologie, überall ist von menschlichen Machenschaften die Rede. Mit den *harten* Naturwissenschaften steht es kaum anders. Physik, Chemie und Biologie samt ihren modernen Verzweigungen werden nicht um ihrer selbst willen gelehrt und betrieben, sondern Forschungsgelder fließen allein in Fragestellungen, die profitablere Resultate für die Wettbewerbsfähigkeit von Unternehmen erwarten lassen, in Technik und Industrien. Auch die *weichen* Kultur- und Geisteswissenschaften handeln nur überkompensatorisch von kommunikativen Handlungen und zwischenmenschlichen Gefühlsschicksalen, bis hin zur abstrakten Musik. Kosmologen und Elementarteilchenforscher arbeiten allerdings zusammen, um nicht nur Atombomben oder Teflonbratpfannen abzuwerfen, sondern um grundlagenforsch die Struktur und Geschichte des Alls zu untersuchen, aber auch dort droht militärischer Nutzen alles zu motivieren.

Zum Glück gibt es noch theoretische Physiker, die keine Drittmittel eintreiben, um E-Autos und Laserkanonen zu erfinden. Auch die reinen Mathematiker entwickeln nicht nur bessere Industrieproduktionsprogramme und Versicherungsmodelle. Die reinere mathematische Logik steckt nicht nur in den Schaltkreisen der Computertechnologiker, sondern treibt hoffentlich auch noch ein zweckfreies Spiel des Geistes mit seinen eigenen Möglichkeiten, ein unrentables Glasperlenspiel auf höchstem Niveau. Formallogisch Wahres und Naturschönes bilden arkadische Inseln im Meer der industriellen Produktionen und sozialen Optimierungstechniken. Der ganze Bereich der *vita activa*, der anthropogen sozialaktivistischen Eingriffe in grüne und menschliche Natur, sollte eigentlich nur noch aphoristisch distanziert werden, um nicht weiter vor- und aufdringlich zu bleiben. Die pure Meditation und Kontemplation des Kosmos und des reinen Geistes steht den geistreichen Reflexionen in satirischen Bonmots gegenüber, alles überdacht und zugleich fundiert vom heiligen Geist monotheistischer Religionen. *Gott ist Geist*, und im Geist soll das Geschöpf Ihn und Seine Schöpfung anbeten und verstehen, Geist, der im menschlichen Ebenbild geistreich wird und in Naturstrukturen sein herrliches Sinnbild hat. Im Anfang war das Wort, und das Wort wurde ein Bonmot? - Es folgen einige Literaturempfehlungen:

Albert Menne : „Einführung in die formale Logik",
Darmstadt 1985

Rudolf Carnap : „Symbolische Logik", Wien 1960²

Willard van Orman Quine : „Grundzüge der Logik",
Frankfurt/Main 1974 (New York 1964)

Helmut J. Schneider : „Die Idyllen der Deutschen",
Frankfurt/Main 1978

Renate Böschenstein-Schäfer : „Idylle",
Stuttgart 1977²

Gunter E. Grimm (Hg.) : „Deutsche Naturlyrik",
Stuttgart 1995

Harald Fricke : „Aphorismus", Stuttgart 1984

Fritz Schalk (Hg.) : „Die französischen Moralisten",
2 Bände, München 1974

Robert Zimmer : „Die europäischen Moralisten",
Hamburg 1999

Friedemann Spicker : „Deutsche Aphorismen",
Stuttgart 2010
„Aphorismen der Weltliteratur" , Stuttgart 1999
„Kurze Geschichte des deutschen Aphorismus",
Tübingen 2007

Drecksarbeiter aller Länder, zerstreut euch!

Nach nichts wird nun mehr gerufen als nach Bildung, für nichts soll mehr Geld ausgegeben werden. Mit nicht eingebildeter Bildung ist nicht Humboldts Ideal zweckfreier Persönlichkeitsbildung gemeint, sondern Ausbildung und Abrichtung jedes Einzelnen für den freien Arbeitsmarkt, für Wettbewerbsfähigkeit im Konkurrenzkampf um höhere Profite. Hochindustriegesellschaft im Zeichen digitalisierter Globalisierung verlangt neue Arten von Fachkräften mit Expertenwissen in exotischeren Produktionssegmenten. Wer nicht mitkommt im Rattenrennen, fällt hinten runter, ins soziale Auffangnetz, um Aufruhr zu unterbinden. Wo landen am Ende die sozialen Fußkranken, außer bei den rechten Parteien, wenn man eher die richtige nationale Rasse als die richtige rationale Klasse hat?

Schätzungen gehen von einem Viertel bis Drittel der Bevölkerung aus, das nicht fit zu machen sei für eine „Industrie 4.0" der vernetzten Dinge (oder „Industrie 7.0" der automatisierten Mitbürger). Die chronisch Kranken, Verwahrloste und *geistig Minderbemittelte* müssen ja mitgeschleppt werden. Die Anforderungen fortgeschrittenster Hightech-Gesellschaften an den einzelnen Arbeitnehmer und Dienstleister werden so hochgeschraubt, dass ein stetig wachsender Bevölkerungsanteil nicht mehr fähig ist zu folgen und damit Lebenssinn und Lebensunterhalt zu bestreiten. Konzentrationsfähigkeit, Flexibilität, Ausdauer, Sozialkompetenz und Intelligenzquotient von immer mehr Bürgern reichen nicht mehr aus für Anforderungsprofile vieler Erwerbsberufe. Diesem stetig wachsenden globalen Anteil bleiben nur einfache wie billige, un- und angelernte Drecks- und Knochenarbeiten oder Almosen, um ihr Leben im Rahmen dieser Strukturen zu fristen. Sach- und Facharbeiter sind gut *integriert,* und *Lumpenproletarier* machen nur noch den weltweiten Dreck weg, wenn sie nicht auf Mülldeponien nach Verwertbarem stochern. Diese globalisierten Müllwerker räumen der Industriegesellschaft ihren Dreck aus dem Weg. Die Umwelt ist alles, was der Abfall ist, also die Unterwelt, und wer den Abfall beseitigt, sollte abfallen von denen, die ihn machen. Sein Aufstand und sein Aufruhr ist das Wesen der zeitgemäßen Utopie in konsumhedonistischen Überflussdemokratien. Er verfault nicht weich, er arbeitet hart. Vom Mehrwert bleibt bei Abgehängten nichts hängen als konterrevolutionäre Abfälle. Sie sind anerkannt als der Dreck, der den Dreck wegschafft, den die Schaffenden machen. Ihr wirksamster Aufruhr aber rennt nicht in MG-Salven, sondern ist Sitzstreik auf dem Hosenboden, um für sich selber Bücher zu lesen, statt für Bürger Müll aufzulesen. Wenn Gott nicht mit diesen Parias ist, ist niemand mit ihnen, und Er hat gesagt, Er sei mit den geistig Zerschlagenen, die aus der Welt nicht klug werden. Sie könnten ja auch die Metropolen verlassen und die Bürger einfach ersticken lassen unter ihren nicht abgeräumten Müllbergen und so wieder Nomaden werden wie vor 10.000 Jahren, lange vor Ackerbau und Viehzucht auf eingezäuntem Grundbesitz. Die Erkenntnis, wie aus Gottes Schöpfung eine eigene, vermeintlich bessere Schöpfung zu machen sei, vertrieb uns aus dem Wildwuchsgarten Eden und verurteilte uns zu gottverfluchtem Ackern. Die Bibel hat dieses weltgeschichtliche Urereignis gleich zu Beginn festgehalten als ein Hohn auf Gottes Ur-Tipp für alle Menschen. Wie sähe eine noch nicht blamierte Utopie nun aus? Die für die *verwaltete Welt (Horkheimer)* Unqualifizierbaren werden wieder unsesshafte Nomaden, seit Urzeiten die Bürgerschrecks schlechthin, oder gehen am Dreck zu Grunde, den sie wegmachen sollen. Sie desertieren aus Stadt- und Landwirtschaften, sie sind die „goldene Horde" der Romantik und bilden doch keine Herden, denen sie von Weideplatz zu Weideplatz folgen, sondern versickern überall zu verfeinert vagabundierenden Individuen mit unendlichem geistigen Nachholbedürfnis, mit Büchern in den Händen statt nur Dreck an den Händen - nie wieder Bürger.

131

Das Behagen in der Unkultiviertheit

Das 20. Jahrhundert, vorbereitet vom 19. Jahrhundert, war die Epoche der Triebbefriedigungen. Die Triebsublimierungen wurden zunehmend als bloß repressive Abwehrmechanismen und rationalisierte Verdrängungen weggebrandmarkt. Das vermeintlich überrigide „Über-Ich" wurde für die Hälfte allen Elends in der Welt verantwortlich gemacht. Seine vormalige Autorität wurde gestürzt, um die unterirdischen Kräfte des Unbewussten zu befreien. Wo Über-Ich war, sollte plötzlich Es werden. Schlichte Entsublimierung wurde als lustvolle Emanzipation von unlegitimierbaren Autoritäten gefeiert. So etwas wie Kultur galt nur noch als „verhindertes Schwein" und wurde durch daseinserleichternde Zivilisationserrungenschaften ersetzt. Alles sei letztlich *nichts als* Geld und Sex, aber Geld und Sex sind ebenso letztlich *nichts als* banale Banausie, Reiz-Reaktionsplattheit und öde Funktionsmechanik im Leerlauf.

Alles wäre gut und schön, wenn diese schöne neue Welt schamloser Lustschreie und lustiger Entfesselungskünste wirklich hielte, was sie da versprochen hatte. Aber die Welt verfeinerter Feudalkultur wurde eben nicht demokratisiert, sondern nur *dekonstruiert* als bloße Rationalisierung von puritanischer Versklavung und institutionalisierter Einschüchterung.

Das Paradies enthemmter Lüste und Körperkulte entpuppte sich allzu schnell als eine Hölle ewiger Langeweile von Kicks zu Kicks, von thrill zu over-thrill. Das immer gleiche Immer-mehr von Immer-neuem führte zum Überdruss am Überfluss. Charlie Citrine in Saul Bellows Roman „Humboldt's Gift" wollte einen spannenden Essay schreiben über das unentrinnbare *Taedium vitae* der saturiert modernen und sozialbefriedeten Massendemokratien.

Glücklicher als die orientierungslos freien Konsum-hedonisten des westliberalen Lebens werden jedoch immer noch die alten Studierstubengelehrten, Hoch-kulturkünstler, anspruchsvollen Intellektuellen und grauen Labormäuse der *scientific community*.

Schopenhauer hat Recht behalten : Wer den Exis-tenzkampf bestanden hat, landet bei innerer Leere, und die einzige Alternative zur Alternative von Not und Langeweile wäre die den meisten verschlossene „Welt des Geistes", der Erkenntnis und der freien Künste für Stendhals *happy few*. Vor dem Turm zu Babel schützt nur der Elfenbeinturm der *vita con-templativa*, nicht die eitle Unrast der engagiertesten *vita activa*.

„Reißende Zeit zu verwandeln in ein paar konzentrierte Sekunden. Eine funkelnde psychische Konstellation, die höchste Form von semantischer Energie ist das Gedicht" oder der Aphorismus. (*Durs Grünbein: „Das erste Jahr"*, Frankfurt/M. 2003, Seite 78)

Für Rita und Maike

Weiterführendes vom Autor

„Martin Heidegger –
Versuch einer Psychoanalyse seines *Seyns*", 1993

„Die Irren sind auch nicht mehr die einzig Normalen"
(Erzählungen), 1997

„Auch der Eskimo klebt an seiner Eisscholle"
(Geschichten und Virtuosenstücke), 1998

„Am schnellsten vermehrt sich die Unfruchtbarkeit –
Essays zur Multi-Kulturlosigkeit"
(Rückblick auf das 21. Jahrhundert), 1998

„Dein Leben hat Sinn – für deine Ausbeuter“,
Ein aphoristisches Gesellschaftssystem, 2016

„Objektivität durch Subjektivität oder umgekehrt? –
Phänomenologischer Entwurf
einer dekonstruierten Erkenntnistheorie", 1999

„Nur in der Fremde fühle ich Fernweh"
(Idyllischer Roman), 2000

„Künste und Wissenschaften als verlorene Paradiese –
Essays zur Bedeutung der Kultur-Idyllen", 2000

„Der Mensch ist, was er verg-isst /
Kosmostheorie oder Gemeinschaftspraxis", 2007

„Philosophische Formelsammlung :
*Ambivalente Gedankenexperimente und nachsokratische
Fragmente"*, Verlag Königshausen & Neumann, 2012

„Gedankenlesen : Hirnforschung ohne Computertomo-
graphen – *Philosophie zwischen Wissenschaft, Kunst und
Religion"*, DWV Deutscher Wissenschafts-Verlag, 2013

„Die Liebhaber der Sophie –
Philosophiegeschichte in Philosophengeschichten", 2013

„Aphorismen zur Zeitaltersweisheit –
Kopfverdreher, Kopfzerbrecher", 2014

„Ist *Philosophical Correctness* eine Kommunikations-
wissenschaft? *Versuch über moderne Versuchungen*",
2015

„Die längste Leine trägt die Freiheit –
Faule Zaubersprüche", 2015

„Quanten, Quarks und Strings im Kopf –
Eintausend neue Aphorismen", 2015

„Die meisten Aufrechten sind unter Gefallenen /
Dumme Sprüche, alte Spiele", 2015

„An sein Innerstes erinnert sich keiner –
Nicht ganz dichte Gedichte", 2015

„Zur Tiefenpsychologie der Philosophiegeschichte : *Kurze
Geschichte der unbewussten Weltanschauungen*", 2015

„Mann und Frau befreien sich – voneinander /
Geschlechterkrieg oder Klassenkampf?", 2015

„Zur Dialektik und Phänomenologie
der Natur- und Kultur-Idyllen", 2015

„Wer gut abschneidet, kastriert –
Zurück zur frühromantischen Magie?", 2015

„Nächtliche Streichhölzer –
Aphorismen zur Lebensgewohnheit", (Satiren), 2016

„Esprit und Geisteswissenschaften – *Wechselwirkungen
zwischen Kunst, Philosophie und Psychologie*", 2016

„Fürchte den, der dich fürchtet − Hundert Jahre DADA“, *Zwergrätsel zu Spottpreisungen,* 2016

„Mit einem Satz ins Freie − *Reflexionen, Urteile und Sentenzen“,* 2. überarbeitete Auflage, 2016

„Kurz und klein − klein, aber fein“, *Aphorismen,* 2016

„Gewinner heißen Spielverderber“, *Aphorismen“,* 2016

„Sei zu klein, um zu herrschen, und zu groß, um beherrscht zu werden − *Dogmatische Aphorismen“,* 2016

„Schlafmützen nennen uns Träumer − *Lumpenproletarische Sprüche“,* 2017

„Zwergrätsel, Satiren und Zwickmühlen − Auswahl von Aphorismen“, 2017

„Philosophische Überlegungen in psychologischen Auslegungen − *Bauchgedanken und Kopfgefühle :* Wenn die Seele auf den Geist geht“, 2017

„Verteidigung des Elfenbeinturms − *Große Sprüche, wieder nur Widerspruch“,* 2017

Empfohlene Aphorismenbände

„Der Mensch ist, was er verg-isst / *Kosmos-theorie gegen Gemeinschaftspraxis*", 2007

"Philosophische Formelsammlung – *Ambivalente Gedankenexperimente und nach-sokratische Fragmente*", 2012

„Aphorismen zur Zeitaltersweisheit – *Kopfverdreher, Kopfzerbrecher*", 2014

„Mit einem Satz ins Freie – *Reflexionen, Urteile und Sentenzen*", 2016

„Zwergrätsel, Satiren und Zwickmühlen – *Auswahl von Aphorismen*", 2017